WIE WAR DAS MIT DEM KNALL IM ALL?

Was du unbedingt über das Universum wissen solltest

Die Originalausgabe erschien 2010 unter dem Titel
»Really, really big questions about Space and Time«
bei Kingfisher, einem Imprint von Macmillan Children's Books
im Verlag Macmillan Publishers Ltd.
20 New Wharf Road, London N1 9RR, Großbritannien

Weltweite Konzernniederlassungen
www.panmacmillan.com

Dieses Buch entstand in Zusammenarbeit mit dem Science Museum, London.
ww.sciencemuseum.org.uk

Hinweis an den Leser: Zum Zeitpunkt der Drucklegung sind alle Adressen der
im Buch angegebenen Internetseiten auf ihre Richtigkeit hin überprüft worden.
Aufgrund der schnelllebigen Natur des Internets kann jedoch nicht
ausgeschlossen werden, dass sich Adressen und Inhalte ändern. Internetseiten
können Links enthalten, die für Kinder nicht geeignet sind. Der Verlag kann
nicht für Änderungen von Internetadressen oder für die Inhalte auf den
angegebenen Internetseiten verantwortlich gemacht werden. Ferner haftet
der Verlag nicht für einen eventuellen Schaden oder Datenverlust, der bei
einem Besuch der in diesem Buch empfohlenen Webseiten durch
heruntergeladene Viren entsteht. Wir raten, Kinder nicht ohne Aufsicht
im Internet recherchieren zu lassen.

1. Auflage 2011
© für die deutsche Ausgabe
Arena Verlag GmbH, Würzburg 2011
Alle Rechte vorbehalten
Übersetzung aus dem Englischen: Michael Schmidt
ISBN 978-3-401-06578-6

www.arena-verlag.de

Printed in China

WIE WAR DAS MIT DEM KNALL IM ALL?

Was du unbedingt über das Universum wissen solltest

Mark Brake

Mit Illustrationen von Nishant Choksi

Aus dem Englischen übersetzt von Michael Schmidt

Arena

INHALT

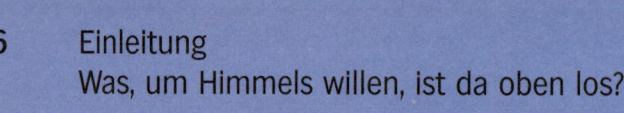

DRITTES KAPITEL
Zeit, Zeit und nochmals Zeit

VIERTES KAPITEL
Das tolle Weltraumabenteuer der Zukunft

WAS, UM HIMMELS WILLEN, IST DA OBEN LOS?

PROFESSOR MARK BRAKE

Morgen oder auch erst in einem Jahrzehnt oder in einem Jahrhundert werden die Experten vielleicht die aufregendste Entdeckung aller Zeiten machen: dass es außerirdisches Leben gibt. In welchem Raum und in welcher Zeit werden diese Aliens zu Hause sein? Dieses Buch enthält viele solcher Fragen – Fragen, die dein Gehirn zum Arbeiten und dich zum Denken bringen.

Hast du schon mal in den Himmel geschaut und dich gefragt, ob es eine Karte des Universums gibt oder warum der Himmel nachts dunkel ist? Oder wolltest du schon mal auf einem anderen Planeten leben und wissen, ob Aliens so ausschauen wie du? All diese Fragen und noch viele mehr werden auf den folgenden Seiten behandelt.

Bevor du diese Fragen und meine Antworten liest, will ich eines klarstellen. Zwar gibt es auf viele Fragen eine Antwort, doch auf viele auch nicht. Oder die Antworten werden sich in Zukunft ändern. Denn all diese Fragen sind »wissenschaftliche« Fragen. Die Wissenschaft aber ist »kumulativ«. Sie ändert sich ständig, wenn neue Dinge entdeckt und neue Ideen formuliert werden. Unsere Ideen über die Dinge ändern sich im Lauf der Zeit und darum ist die Wissenschaft eigentlich immer nur

»DIE ZURZEIT BESTE INTERPRETATION DER WELT DER NATUR«.

Wir sind dafür geschaffen, auf der Erde zu leben, die ein Planet ist – ein Teil des Kosmos, des Universums. Aber auch wir sind ein Teil des Universums. Wir bestehen aus denselben Materialien, die sich auch am anderen Ende des Universums befinden. Diese Materialien sind vielleicht nicht in der gleichen Reihenfolge zusammengebaut, aber im Grunde sind sie gleich.

Wir können also versuchen, das Universum aus unserem Blickwinkel zu verstehen, vom Planeten Erde aus, und uns vorstellen, wie die Dinge »da draußen« sein könnten. Denn wir können nicht alles im Universum aus nächster Nähe berühren, schmecken, sehen, hören oder fühlen. Zumindest noch nicht.

Wenn du dieses Buch gelesen hast, denkst du vielleicht: So ist das also. Wir haben endlich kapiert, was das Universum ist. Aber da kann ich nur sagen: Wahrscheinlich nicht. Allein schon die *Vermutung*, dass wir das Universum verstehen, ist ganz unwissenschaftlich. Die Wissenschaft stellt alle unsere Erkenntnisse ständig infrage – *immerzu*. Sogar wenn wir meinen, unsere Ideen seien richtig.

Vielleicht werden die Menschen eines Tages zurückblicken und über unsere Auffassung vom Universum lachen. Daher lautet die goldene Regel: *Hör nicht nur auf mich oder auf andere – das Universum ist direkt vor deinen Augen … Schau es dir selbst an!*

I

REZEPT FÜR EIN UNIVERSUM

PENG! Damit begann das Universum.

Man glaubt, eine gewaltige *Explosion* von Raum und Zeit, der sogenannte Urknall, habe das Universum erschaffen. Aber das Universum, das wir kennen, ist nicht fertig – es *verändert sich* ständig. Genau jetzt, während du diese Worte liest.

Und nur wenige Dinge verändern sich anscheinend schneller als unser Wissen darüber. Je mehr wir erfahren und je mehr Fragen wir stellen, desto mehr scheinen die Geheimnisse des Kosmos unseren sterblichen Fingern zu entgleiten …

Aber das ist kein Grund aufzugeben. Lass uns diesen kniffligen Fragen auf den Grund gehen.

WIESO
GLAUBEN WIR, DASS DAS UNIVERSUM EINEN ANFANG HATTE?

WURDE ALLES AUF

Von der Erde aus kannst du etwa 5 000 Sterne mit bloßem Auge sehen und hier und da erblickst du einen merkwürdigen Nebelfleck, eine Galaxie. Das ist ein riesiger Sternenschwarm in den Tiefen des Weltalls, der aus Abermilliarden von Sternen besteht.

Wenn Astronomen das Licht dieser Galaxien beobachten, stellen sie fest, dass es »röter« ist, als es sein sollte. Das bezeichnet man als »Rotverschiebung« – die Galaxien bewegen sich nämlich von uns weg.

Nun weisen nicht bloß eine oder zwei Galaxien diese Rotverschiebung auf, sondern alle! Es sind Milliarden – tatsächlich!

Wenn sich nun alle Galaxien heute voneinander wegbewegen, heißt das, dass sie sich irgendwann in grauer Vorzeit alle an einem gemeinsamen Ort befanden …

Daher glauben wir, dass das Universum einen »Anfang« hatte.

EINEN SCHLAG ZUSAMMENGEBRAUT?

Die großen hellen Lichtpunkte, die wir Sterne nennen, sind auf vielfache Weise die Bausteine unseres Universums.

Sterne bestehen meist aus Wasserstoff, den sie über Milliarden Jahre verbrennen. Also enthält das Universum, das wir sehen, vor allem Megamengen von Wasserstoff. Genau genommen 74 Prozent. Fast 24 Prozent des Universums bestehen aus Helium, somit bleiben nur zwei Prozent für alles andere, was existiert …

Der ganze Wasserstoff und das Helium wurden gleich am Anfang des Universums zusammengebraut – so glauben wir jedenfalls. Das Universum mag gern einfache Dinge und Wasserstoff und Helium sind wirklich ganz einfach. Alles andere entstand *im Inneren* der Sterne, viele Generationen nach dem Anfang des Universums.

Das bedeutet, dass fast alles, was du auf der Erde siehst, aus dem besteht, was wir *schwere Materie* nennen könnten. Ja, der Kohlenstoff in deiner Haut, das Eisen in deinem Blut und das Gold im WM-Pokal – all das wurde im Laufe der Geschichte von Sternen hervorgebracht.

WANN FING DAS UNIVERSUM AN?

Nichts geschieht in dem Augenblick, in dem wir es sehen. Das Licht benötigt nämlich Zeit, bis es das Auge erreicht, auch wenn es mit 300 000 Kilometern pro Sekunde dahinrast. Während du siehst, wie sich deine Katze den Kopf im Kühlschrank einklemmt, war dies eigentlich schon vor einem winzigen Sekundenbruchteil geschehen.

Deine Katze reist also irgendwie in der Zeit.

Daher können wir uns das Sterngucken als eine Art Zeitreise vorstellen.

Unser Universum ist so unvorstellbar riesig, dass das Licht vom anderen Ende mehr als doppelt so lange braucht, wie die Erde alt ist, um unsere Teleskope zu erreichen. Und da Licht so lange braucht, um diese riesigen Entfernungen zurückzulegen, hat alles im Universum eine *Lichtlaufzeit*.

Je ferner wir schauen, desto weiter blicken wir in die Zeit zurück. Und da die Lichtlaufzeit für die fernsten Bereiche des Universums rund 13 Milliarden Jahre beträgt, gilt das für uns als der Anbeginn der Zeit.

WIE KÖNNEN WIR EIGENTLICH **DAS UNIVERSUM** VON HIER AUS **BESCHREIBEN?**

Antwort: einfach durch Sterngucken.

Wir schauen seit jeher zum Himmel hinauf. Einst beurteilten die Menschen die Jahreszeiten und den Wechsel der Feldfrüchte anhand der Bewegungen am Himmel. Und jahrhundertelang steuerten Menschen ihre Schiffe nach den Sternen.

Wenn wir den Himmel beobachten, scheint sich alles um die Erde zu drehen. Nachts steigen Sterne, Planeten und Galaxien im Osten auf und gehen im Westen unter. Am Tag geht die Sonne im Osten auf und im Westen unter. So kommt man leicht auf die Idee, dass wir der Mittelpunkt von allem sind!

Aber dann fanden wir heraus, dass dies nur eine Täuschung ist und dass sich die Erde um ihre Achse dreht, während sie die Sonne umrundet.

Die Astronomie – das Studium des Universums – lehrt uns, dass die Erde nicht der Mittelpunkt des Universums ist. Sie ist wahrscheinlich auch nicht einzigartig. Nicht mal die Sonne ist etwas Besonderes. Weder bildet sie das Zentrum des Universums noch ist sie der einzige Stern mit Planeten um sich herum. Und wir wissen, dass sie nicht ewig am Himmel brennt.

Und was ist mit der Milchstraße, unserer Galaxie? Auch sie ist nicht der Mittelpunkt, sondern bloß eine von 100 Milliarden anderer Galaxien in einem sich ständig ausdehnenden Universum, die wir mit unseren Teleskopen entdeckt haben. Au Backe – vielleicht gibt es sogar noch andere Universen …

Wenn man es recht bedenkt, ist es schon erstaunlich, dass all diese Entdeckungen im großen Weltall von unserem kleinen Planeten Erde aus gemacht wurden.

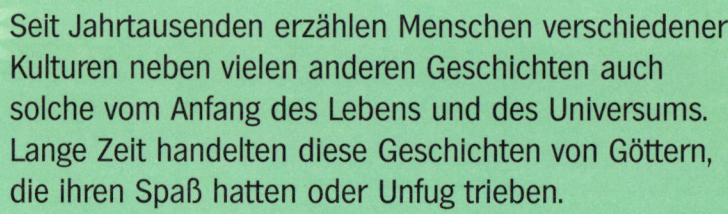

WIE ERKLÄRTEN WIR UNS DAS UNIVERSUM,

Seit Jahrtausenden erzählen Menschen verschiedener Kulturen neben vielen anderen Geschichten auch solche vom Anfang des Lebens und des Universums. Lange Zeit handelten diese Geschichten von Göttern, die ihren Spaß hatten oder Unfug trieben.

In einer westafrikanischen Geschichte bildet ein riesiger Schlangengott mit seinen 7 000 Windungen nicht bloß die Berge und Täler der Erde, sondern auch die Sterne und Planeten des Universums. Als er seine Haut in der Sonne abstreift, fließt daraus alles Wasser über die Erde. Dann erschuf das Spiegelbild der Sonne im Wasser den Regenbogen.

Nach einer anderen Schöpfungsgeschichte, die von den nordamerikanischen Kiowa-Apachen erzählt wird, scheint die Welt mit Fußball begonnen zu haben. Zunächst herrschte Finsternis. Plötzlich taucht eine dünne Scheibe auf, die in der Luft hängt und auf der einen Seite gelb, auf der anderen weiß ist. Nun erscheint ein kleiner, bärtiger Mann und bald wird ein brauner Ball – kaum größer als eine Bohne – von den Göttern herumgekickt, bis er die Größe der Erde hat.

BEVOR ES ERFORSCHT WURDE?

Im modernen Zeitalter der Wissenschaft haben wir eine viel praktischere Vorstellung vom Universum. Heute denken wir uns lieber »vernünftige« Geschichten über unser Universum und seine Entstehung aus – Geschichten, die sich durch genaue Überprüfung der Fakten beweisen lassen und logisch sinnvoll sind.

Heutzutage möchten die Menschen *sehen,* was sie glauben. Zumindest die *meiste* Zeit.

Natürlich ist es okay, wenn du an eine der Schöpfungsgeschichten glaubst, die im Laufe der Jahrhunderte aus Religionen oder Mythologien hervorgegangen sind. Wer weiß – eine dieser Schöpfungstheorien könnte ja richtig sein! Wie gesagt: *Du musst mir nicht alles glauben.*

Denk nach!

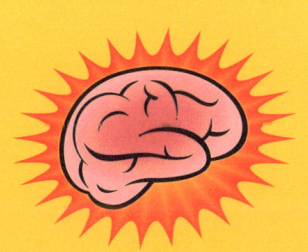

Die alten Griechen benannten das Universum nach ihrem Wort für »Harmonie« (kosmos). Glaubst du, sie wählten das richtige Wort?

GIBT ES FÜR DAS UNIVERSUM EIN REZEPT?

Angenommen, du möchtest einen Brocken des Universums haben – so ähnlich wie eine Handvoll Erde. Und dieser Brocken sollte genau wie jeder andere Brocken des Universums aussehen. Mit anderen Worten: Es sollte ein »typischer Brocken« sein, sodass du daraus ein wiederholbares »Muster des Universums« machen könntest.

Stellen wir uns nun mal den größten Eisportionierer aller Zeiten vor.

Mit diesem Portionierer schaufeln wir diesen »durchschnittlichen« Brocken Universum auf. Wie groß wird dieser Brocken wohl sein? Größer als unser Sonnensystem, weil das wahrscheinlich nicht wie andere ist. Auch größer als unsere Milchstraße, weil die nicht genau so wie andere Galaxien ist.

Astronomen haben ausgerechnet, dass dieser typische Brocken, der all die »durchschnittliche Materie« im Universum enthält, etwa 300 Millionen Lichtjahre groß sein müsste! Nur dann hätten wir einen echt typischen Brocken Universum, der auch die weit entfernten Teile mitberücksichtigt.

WIE MESSEN WIR DAS UNIVERSUM?

Licht ist das schnellste Ding, das die Wissenschaft kennt, aber auch das Licht braucht Zeit, um die riesigen Entfernungen im Universum von einem Objekt zu einem anderen zurückzulegen. Darum sehen wir, wie gesagt, Dinge im Weltall so, wie sie in der Vergangenheit waren. Je weiter wir ins All schauen, desto weiter blicken wir in der Zeit zurück.

Darum ist es ganz vernünftig, Entfernungen im Weltall mithilfe der *Zeit* zu messen ...

Das Licht vom Mond braucht etwa eine Sekunde bis zur Erde. Wir sehen den Mond, wie er vor einer Sekunde aussah, also ist er eine »Lichtsekunde«

entfernt. Wir sehen die Sonne, wie sie vor acht Minuten aussah, also ist sie acht »Lichtminuten« von der Erde entfernt.

Andere Sterne sind noch viel weiter weg. Schon der nächste Stern, Proxima Centauri, ist etwa 40 Billionen Kilometer entfernt. Das Licht von diesem Stern braucht über vier Jahre, um das bloße Auge zu erreichen. Also ist er vier »Lichtjahre« entfernt. Wir sehen ein vier Jahre altes Bild dieses Sterns.

GIBT ES EINE KARTE DES UNIVERSUMS?

Es ist sehr knifflig, Karten vom Weltall zu machen, da sich alles im Universum ständig bewegt und die Entfernungen riesig sind. Anders als auf der Erde kann man nicht einfach irgendwelche Gegenden aufsuchen, um detaillierte Karten zu zeichnen. Man muss Schätzungen vornehmen, indem man das Sternenlicht misst, das zur Erde gelangt.

Die größten und aktuellsten Karten des Weltalls heißen Rotverschiebungs-Durchmusterungen. Sie zeigen, dass Galaxien riesige Haufen bilden, die von gewaltigen leeren Hohlräumen getrennt sind. Daher nennen Astronomen die große Karte des Universums ein »kosmisches Netz«.

WORAUS IST DAS UNIVERSUM GEMACHT?

Das Universum besteht im Grunde aus zwei Arten Materie: aus sichtbarer und aus unsichtbarer Materie.

Wir wissen einiges über die Materie, die du sehen kannst. Aus ihr bestehen Planeten, Monde, Sterne und Galaxien. Sie alle geben entweder Licht ab oder reflektieren es. Sterne leuchten und Planeten und Monde reflektieren Sternenlicht. Und da Galaxien aus Abermillionen Sternen bestehen, leuchten sie auch.

Aber vor einiger Zeit entdeckten Astronomen, dass uns eine große Portion des Universums entgeht.

Anscheinend ist die ganze »Lichtmaterie« (Planeten, Monde, Sterne und Galaxien) bloß die Spitze des kosmischen Eisbergs. Forscher schätzen, dass der *Rest* des Universums großteils aus einem geheimnisvollen Material, der »dunklen Materie«, und einem rätselhaften Phänomen, der »dunklen Energie«, besteht.

Dunkle Materie ist der Stoff, den wir nicht sehen können. Sie ist, wenn du so willst, der Schatten des Universums.

MR UNIVERSUM

WARUM IST DER HIMMEL NACHTS DUNKEL?

Tagsüber ist er blau und nachts dunkel. Wieso ist der Himmel so *wechselhaft?*

Sonnenlicht ist vielfarbig und die Luft streut blaues Licht mehr als rotes, sodass der Himmel am Tag meist hellblau ist. Abends steht die Sonne tiefer am Himmel und das blaue Licht wird komplett gestreut – daher haben Sonnenuntergänge (und natürlich auch Sonnenaufgänge) oft eine wärmere rote Farbe.

Aber wieso ist der Nachthimmel dunkel?

Okay, die Sonne scheint auf die andere Seite der Erde, daher empfangen wir nicht ihr Licht. Aber das Universum enthält doch Milliarden Sterne. Wieso ist der Himmel nachts dann nicht strahlend weiß?

Darauf gibt es zwei Antworten. Erstens legt das Licht von Sternen und Galaxien bis zu uns unterschiedlich große Entfernungen im Universum zurück und erreicht uns daher nicht gleichzeitig. Zweitens sind diese Objekte verschieden alt – die älteren sind daher blasser, während die jüngeren hell strahlen.

Kannst du mir noch folgen?

Ergebnis: Zu jeder Zeit gibt es Licht von fernen Objekten, das uns noch nicht erreicht hat, und Licht von näheren Objekten, das entweder blass oder strahlend hell ist, je nachdem, wie alt die Sterne und Galaxien sind. Daher ist der Nacht-himmel, kurz gesagt, niemals voller Licht.

WELCHE FORM HAT DAS UNIVERSUM?

Hast du schon von Albert Einstein gehört? Dieser Typ mit den wirren weißen Haaren hat vor rund hundert Jahren die Regeln der Physik umgeschrieben.

Hier eine von Onkel Alberts großen Ideen: Masse verbiegt den Raum. Doch, wirklich! Die Masse von großen Objekten im Weltall verbiegt wirklich den Raum darum. Und je mehr Masse es an einem Fleck gibt, desto mehr wird dieser »Raumfleck« gekrümmt.

Einstein fiel auch diese große Frage ein: Wenn der Raum durch Masse *verbogen* werden kann, wie beeinflusst das dann die Form des Universums?

Wenn nun dieses Raumverbiegen im größeren Maßstab geschieht, könnte die gesamte Masse der Materie im Universum ihm dann eine *krumme* Form verleihen?

Wir werden es vielleicht nie wissen. Weltraumexperten glauben, das Universum habe drei mögliche Formen: flach, kugelförmig oder hyperbolisch (sattelförmig).

RIECHT DAS WELTALL?

Kommt darauf an, wo du deine Nase reinsteckst.

Astronomen haben vor Kurzem herausgefunden, dass riesige Materiewolken im Zentrum der Milchstraße herumtreiben – die Art von Materie, aus der das Leben auf der Erde zum Teil besteht. Ja, sie glauben, diese Materie würde ein bisschen wie Himbeeren schmecken … und wie Rum riechen.

Dies bedeutet, dass Planeten, die im Zentrum der Galaxie entstehen, bereits einen Teil der Materie haben, die für die Entwicklung von Leben wichtig ist.

Wissenschaftler der NASA zerbrechen sich auch schon den Kopf über den Mief im All. Als sie Astronauten fragten, wie es im All riecht, erfuhren sie unterschiedliche Dinge. Manche Raumfahrer meinten, es rieche nach gebratenem Steak. Andere sprachen von heißem Metall und wieder andere sagten, es stinke wie beim Schweißen eines Motorrads.

Die enttäuschende Nachricht: Die meisten Astronauten werden nicht viel von diesem köstlichen Weltraummenü aus heißer Metallsuppe (erster Gang), gebratenem Steak (Hauptgang) und Himbeer-Rum-Eis (Dessert) haben. Zum einen ist das Zentrum der Galaxie sehr weit weg. Und zum andern haben die meisten Menschen im All keinen sehr guten Geruchs- oder Geschmackssinn.

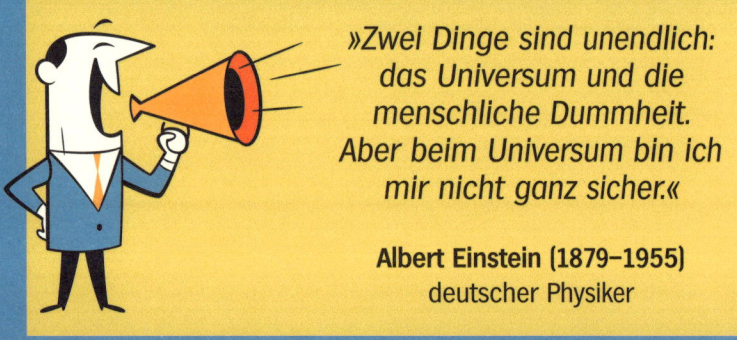

»Zwei Dinge sind unendlich:
das Universum und die
menschliche Dummheit.
Aber beim Universum bin ich
mir nicht ganz sicher.«

Albert Einstein (1879–1955)
deutscher Physiker

WIRD DAS UNIVERSUM IMMER DICKER?

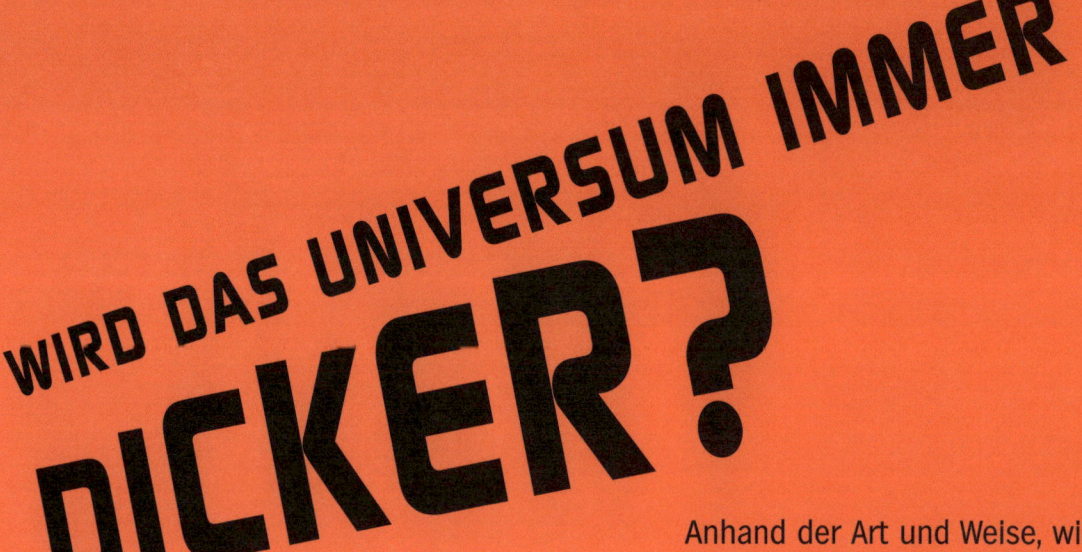

Anhand der Art und Weise, wie Materie sich im All bewegt – also Sternsysteme, Galaxien und so weiter –, kann man feststellen, ob sich das Universum nach dem »Urknall« noch immer ausdehnt.

Wir glauben, das Universum hat einen Anfang gehabt, und wir wissen, dass sich seine Galaxien voneinander entfernen und sich weiter in einen scheinbar »endlosen«, unendlichen Weltraum hinein ausdehnen … Wir versuchen gerade herauszufinden, ob diese Ausdehnung schneller oder langsamer wird oder ob und wann sie aufhören könnte. Anders gesagt: Es hat den Anschein, als ob das Universum eine sehr lange Zeit immer dicker wird – wann macht es endlich eine Diät?

Die neuesten Erkenntnisse sind ziemlich aufregend.

Astronomen sagen, das Universum dehne sich immer schneller aus. Damit wird der Raum zwischen den Galaxien noch größer.

Geht diese *beschleunigte* Ausdehnung über Jahrmillionen weiter, werden alle Galaxien jenseits unserer Lokalen Gruppe so weit weg sein, dass man sie kaum noch entdeckt. Anscheinend gehen die Lichter am Himmel nach und nach aus.

In diesem Fall könnte die Zukunft des Universums ganz schön finster sein.

Gespenstisch.

2

MEINE GÜTE –
GROSSE KUGELN
AUS GAS!

Es wird Zeit, dass wir mit den wahren Promis des Kosmos Kontakt aufnehmen. Treffen wir uns mit ... DEN STERNEN!

Braune Zwerge, Rote Riesen, Weiße Zwerge, Blaue Superriesen, Schwarze Löcher, Gelbe Zwerge, superdichte Neutronensterne – eine ganz schön bunte Bande, was? Da draußen sind Milliarden und Abermilliarden von ihnen, die genau wie wir Menschen lauter Individuen mit einer eigenen Persönlichkeit sind. Sterne sind wie die Stars in Hollywood: Zuweilen können sie ein bisschen schwierig sein, doch ohne sie läuft nichts.

WIESO IST DIE SONNE

Normalerweise ist die Sonne so hell, dass man sie nicht anschauen, geschweige denn ihre Größe erkennen kann. Aber stell dir mal vor, es ist ein kühler, nebliger Morgen. Am Himmel erkennst du soeben eine große Kugel aus blassem Licht. Das ist unsere Sonne. Und sie ist erstaunlich groß.

Diese blasse Lichtkugel ist 150 Millionen Kilometer weit weg. Nehmen wir an, du saust in einem fliegenden Auto mit 150 km/h in Richtung Sonne. (Keine Angst, im Weltall gibt es nur ein Tempolimit: Nichts ist schneller als die Lichtgeschwindigkeit.) Die Sonne ist so weit weg, dass du bei diesem Tempo erst in einer Million Stunden dort bist – also in 114 Jahren!

Obwohl die Sonne ewig weit weg ist, sieht sie von der Erde groß aus. Und zwar, weil ihr Durchmesser 1,5 Millionen Kilometer beträgt! Das ist so viel wie 109 Erdkugeln aneinandergereiht. Weit über eine Million Erden würden in die Sonne hineinpassen.

EIN ZWERG?

Um die Sonne einmal zu umrunden – sofern du die Hitze erträgst und dein fliegendes Auto das schafft –, müsstest du 227 Tage lang nonstop mit Überschallgeschwindigkeit unterwegs sein.

Okay, du hast es kapiert. Die Sonne ist GROSS. Aber verglichen mit manchen Sternen ist sie winzig. Heutige Astronomen nennen sie einen »Zwergstern«.

Nur ein Beispiel. Im Sternbild Orion gibt es einen Superriesen mit dem Namen Beteigeuze. Wenn du Beteigeuze anstelle der Sonne in die Mitte unseres Sonnensystems setzen könntest, würde er die Umlaufbahnen der vier inneren Planeten – Merkur, Venus, Erde und Mars – schlucken. Dieser Nimmersatt!

WAS BEWIRKT DIE SONNE?

Die Sonne ist entscheidend für das Leben auf der Erde. Ohne sie gäbe es kein Licht, keine Wärme, keine Nahrung, kein Wetter, keine Tage, keine Jahreszeiten – keine Erde, wie wir sie kennen. Ja, es gäbe gar kein Sonnensystem, da die Sonne alles bewegt, was darin geschieht.

Und das schafft die Sonne mit reiner Energie. Sie ist ein Feuerball, in dem pro Sekunde etwa vier Millionen Tonnen Gas verbrennen – so viel Energie wie sieben Billionen Atombombenexplosionen in jeder Sekunde. Kein Wunder, dass sie so verflixt heiß ist!

Da das Zentrum der Sonne eine Temperatur von etwa 16 Millionen Grad Celsius hat, wird Wasserstoff in Helium umgewandelt. Eine der Aufgaben der Sonne ist es also, neue Atome herzustellen. Diese Atomerzeugungsmaschine versorgt das ganze Sonnensystem mit Sonnenenergie.

Wissenschaftler glauben, dass die Sonne diesen Job seit etwa fünf Milliarden Jahren macht. In dieser ganzen Zeit hat unser Zentralstern konstant Energie abgegeben und ungeheure Mengen Licht ausgestrahlt.

Und nicht bloß im Sonnensystem ist Sonnenenergie so wichtig. Sterne treiben das ganze Universum an. **Es werde Licht!**

MACHEN STERNE LÄRM?

Der altgriechische Denker Pythagoras glaubte, Sonne, Mond und Planeten würden Musik machen, während sie sich durchs All bewegen, obwohl er *nicht* glaubte, dass man dies *hören* könnte. Und der Matheexperte Johannes Kepler (1571–1630) war sicher, dass die Abstände der Planeten von der Sonne etwas mit musikalischen Tonleitern zu tun hätten.

Doch diese »Sphärenmusik« ist kein mystischer Unsinn. Oh nein. Heutige Astronomen interessieren sich sehr für die verschiedenen Laute, die Sterne erzeugen.

Wenn sie »lauschen«, vernehmen sie ein regelmäßig wiederholtes Muster. Es besagt, dass ein Stern im Weltall pulsiert. Die verschiedenen Laute sind für Astronomen Informationen darüber, wie ein Stern funktioniert, über sein Alter, seine Größe und die Materie, die in ihm ist.

Natürlich können die Experten die Sterne nicht *direkt* belauschen. Sie müssen die »seismischen Wellen« (Schwingungen) von Sternen in eine Form umwandeln, die auf der Erde zu hören ist.

LEBEN STERNE EWIG?

Sterne brauchen Brennstoff, um zu existieren. Meist verbrennen sonnenähnliche Sterne Wasserstoff und wandeln ihn in Helium um. Geht ihnen der Wasserstoff aus, glauben die Experten, dass sie dann einfach Helium verbrennen. Tatsächlich können Sterne auch Kohlenstoff, Neon, Sauerstoff und Silizium verbrennen.

Hat ein Stern eine Brennstoffart verbraucht und sich auf eine andere umgestellt, strahlt er eine Warnung aus: Er schwillt zu einem *Roten Riesen* an.

In ferner Zukunft wird auch unsere Sonne ein Roter Riese, indem sie sich um das 200-Fache vergrößert. Die Wissenschaftler erwarten, dass sie dann die inneren Planeten des Sonnensystems schluckt, auch unsere geliebte Erde.

Aber keine Angst: Mars könnte überleben und wir müssen dann einfach nur umziehen und Marsmenschen werden.

EXPLODIEREN STERNE?

Und wie! Ein explodierender Stern heißt Supernova und ist schwer geladen: In einer Minute gibt eine Supernova mehr Energie ab als alle normalen Sterne im gesamten Universum in derselben Zeit.

Diese Sternexplosionen treten bei sehr großen Sternen auf. Geht ihnen der Brennstoff aus, explodieren sie. Wenn sie zur Supernova werden, können sie so viel Licht abgeben wie unsere Sonne während ihrer gesamten Lebenszeit. Es ist klar, dass eine Supernova dann oft ihre ganze Galaxie überstrahlt.

Weltraumexperten glauben, dass es in Galaxien, die so groß wie unsere sind, etwa alle 50 Jahre eine Supernova gibt. Für Sterngucker ist das ein ganz tolles Feuerwerk.

WIESO LEBEN SUPERSTERNE SCHNELL UND STERBEN JUNG?

Sterne gibt es in vielen Größen und Massen. Masse ist die Menge an Materie, die ein Objekt enthält. Die Masse eines Sterns verrät, wie viel Gas in ihm ist.

Die kleinsten Sterne haben etwa die 100-fache Masse von Jupiter. (Das heißt: Hätte Jupiter 100-mal mehr Masse, wäre er ein Stern und kein Planet.) Die größten Sterne haben etwa die 100-fache Masse der Sonne. Echte Monster, aber sie leben nicht lange.

Je größer der Stern, desto kürzer sein Leben.

Monstersterne leben nicht Milliarden, sondern nur Millionen Jahre lang. Sie haben nämlich einen unbändigen Appetit und verbrennen Gas, als gäbe es kein Morgen. Und sie explodieren gern.

Aber entscheidend sind die kleinen Burschen. Diese Knirpse haben etwa dieselbe Masse wie die Sonne oder weniger. Es gibt viel mehr Winzlinge als Monster und sie leben ewig lange. Ein halb so großer Stern wie unsere Sonne brennt noch viele Milliarden Jahre.

IST ES IRGENDWO ABSOLUT FINSTER?

Manchmal bekommt ein Stern so ungeheuer viel Masse, dass er unter dem Druck dieser Masse einfach zusammenbricht. Dies passiert, weil der Stern zu wenig Brennstoff übrig hat oder weil er eine Menge zusätzliche Materie aus seiner Umgebung zusammenrafft.

Wer viel Masse hat, übt auf Dinge in seiner Umgebung eine Menge Anziehungskraft aus. Daher könnte die Schwerkraft eines Riesensterns alles in seiner Nähe anziehen – auch Licht – und verhindern, dass es seiner gewaltigen Anziehungskraft entkommt.

Sie erscheinen schwarz, diese Riesensterne, und darum nennen die Experten sie gern Schwarze Löcher.

Haben Experten nicht tolle Einfälle?

Schwarze Löcher könnten durchaus die finstersten Orte im Weltall sein. Das Problem ist nur, dass sie *absolut* schwarz und darum nur schwer zu finden sind.

WIRST DU IN SCHWARZEN LÖCHERN ZU SPAGHETTI?

WAS IST IM ZENTRUM DER MILCHSTRASSE?

Wir stehen auf dem Boden, weil die Erde mit ihrer großen Masse auf uns mit unserer viel geringeren Masse eine Anziehungskraft ausübt. Je näher du einem massereichen Objekt bist, desto mehr zieht es dich an.

Nun sollen Schwarze Löcher ja eine Wahnsinnsmasse haben. Der Unterschied in der Schwerkraft, die auf deinen Kopf und auf deine Zehen einwirken würde, wäre gewaltig! Dein Körper würde zu einer langen, dünnen Form gedehnt – etwa wie Spaghetti.

Englische Experten haben diesen Dehneffekt *Spaghettifizierung* genannt. (Experten haben wirklich irre Einfälle.)

Diese Dehnkraft ist um ein Schwarzes Loch herum so gewaltig, dass jeder Widerstand zwecklos ist. Aber noch brauchst du keine Angst zu haben – es ist unwahrscheinlich, dass in naher Zukunft jemand in ein Schwarzes Loch gucken wird.

Ich weiß, jetzt befürchtest du, dass du in Spaghetti verwandelt wirst. Keine Sorge. Astronomen können zwar beweisen, dass Schwarze Löcher existieren, aber nicht auf unserer Erde! Doch einer der Kandidaten befindet sich im Zentrum unserer Milchstraße.

Keine Panik! Das ist rund 26 000 Lichtjahre weit weg – unsere Erde wird also kaum übermorgen verschlungen werden.

Im Zentrum der Milchstraße gibt es viel Masse auf ganz geringem Raum. Das sind genau die Bedingungen, bei denen ein Schwarzes Loch gedeiht. Die Experten glauben daher, dass dort ein riesiges, *supermassereiches* Schwarzes Loch lauert.

WENN STERNE STERBEN, WAS PASSIERT DANN MIT IHRER MATERIE?

Sterne sterben eigentlich nicht wirklich. Viele werden langsam zu einer anderen Art von Stern und manche explodieren und hinterlassen gespenstische Überreste. Das hängt ganz von ihrer Größe ab – wie viel Materie sie haben.

Merke: Je kleiner der Stern, desto länger lebt er.

Kleine Sterne leben Abermilliarden Jahre. Und wenn diesen Winzlingen schließlich der Brennstoff ausgeht, strahlen sie anschließend noch lange weiter. Erreichen kleine Sterne dieses Stadium in ihrem Leben, nennt man sie *Weiße Zwerge*. Astronomen glauben, dass über 97 Prozent der Sterne in unserer Galaxie so enden werden.

Die Monstersterne sind selten und haben einen anderen Lebenslauf.

Die mittelgroßen werden *Rote Riesen* – sie schwellen an und ändern dabei ihre Farbe.

Große Sterne explodieren zu einer Supernova und werden dann Schwarze Löcher oder *Neutronensterne*. Neutronensterne sind erstaunlich dicht – so dicht, als wäre die ganze Menschheit auf der Erde nur so klein wie ein Zuckerwürfel.

Ist das nicht süß?

Ein Stern kann also einen unterschiedlichen Lebenslauf haben. Jeder hat einen Endpunkt und diese Endpunkte sind die Weißen Zwerge, Roten Riesen, Neutronensterne oder Schwarzen Löcher. Dabei geben die Sterne immer explosionsartig Materie ins Weltall ab, die aus den im Inneren der Sterne entstandenen chemischen Elementen besteht.

Diese verbliebene Sternenmaterie ist dann Teil der universalen Mixtur – des Rezepts für eine neue Sternengeneration, die aus der alten entsteht.

Das ist das ultimative Recycling!

WAS IST DER UNTERSCHIED ZWISCHEN MIR, EINEM PLANETEN UND EINEM STERN?

Du bist aus Sternenmaterie. Klingt verrückt, ist aber absolut wahr.

Der Kohlenstoff in deiner Haut, das Eisen in deinem Blut, das Kalzium in deinen Zähnen – dies sind bloß ein paar von den Elementen, die in Sternen zusammengebraut und dann ins All ausgestoßen werden, damit neue Sterne, Planeten und andere Dinge wie zum Beispiel Menschen entstehen.

Nehmen wir den Kohlenstoff. Er ist ein für alles Leben auf der Erde wichtiges Element. Kohlenstoff entsteht zwar in Sternen aller Größen, wird aber nicht von ihnen verbrannt, sondern zusammen mit anderen Elementen freigesetzt, wenn der Stern gegen Ende seines Lebens eine Art Recyclingprozess durchmacht. Dann kann er Objekte aus anderer Materie bilden – wie uns!

Astronomen wissen, was Sterne enthalten, indem sie das Sternenlicht analysieren, das zur Erde gelangt. Früher glaubten sie, dass es einen großen Unterschied zwischen Sternen und Planeten gäbe. Doch heutzutage zählen wir beide zu einer großen Materiefamilie.

Am Anfang unseres Sonnensystems entstand alles gleichzeitig aus einer zusammenfallenden Gaswolke.

Die vier kleinen *inneren* Planeten – Merkur, Venus, Erde und Mars – bestehen überwiegend aus Gestein und Metall, die vier *äußeren* Planeten – Jupiter, Saturn, Uranus und Neptun – dagegen großenteils aus Wasserstoffgas und Heliumgas, genau wie die Sonne selbst.

Was also ist an einem Stern so anders?

Sterne leuchten und Planeten nicht – das ist der Hauptunterschied. Es gibt Planeten und Sterne in verschiedenen Größen und mit unterschiedlichem Füllmaterial. Doch ein großer Planet wie Jupiter unterscheidet sich von der Sonne vor allem dadurch, dass er nicht genügend Masse hat, um in seinem Inneren das Wasserstoffgas verbrennen zu können.

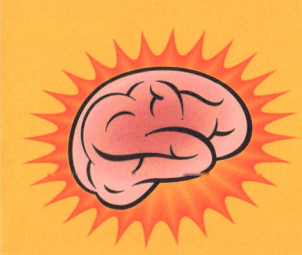

Denk nach!

Wir Menschen sind das Produkt eines großartigen kosmischen Recyclingplans im Weltall. Cool!

WAS IST LICHT?

Licht ist sich bewegende Energie.

Wenn du in ein Schwimmbecken springst (was der Bademeister vielleicht verbietet), ist die von deinem Körper beim Auftreffen aufs Wasser erzeugte Energie in den Wellen zu sehen, die übers Wasser laufen. Entscheidend ist, dass die Wasserwelle nicht aus Wasser, sondern aus Energie besteht. Und die *Welle*, nicht das Wasser, erzeugt die Bewegung.

Auch Licht ist Energie, die sich in Wellen bewegt, obwohl sie sich durchs Weltall genauso wie durch einen Stoff wie Wasser bewegen kann.

Stell dir das Licht als »Päckchen« aus Energie vor, die Photonen heißen und die unsere Augen sehen können. Photonen von Licht entstehen auf unterschiedliche Weise. Im Weltall werden die Photonen, die zu uns als Sternenlicht gelangen, im Zentrum von Sternen wie unserer Sonne erzeugt, die Wasserstoffgas verbrennen.

WIE SCHNELL IST LICHT?

Licht ist im Universum das Schnellste! Es bewegt sich etwa mit 300 000 Kilometern pro Sekunde. Und weil wir das wissen, messen wir mithilfe der Lichtgeschwindigkeit große Entfernungen im Weltall.

Licht ist so schnell, dass es den Erdäquator in jeder Sekunde fast achtmal umrundet. In etwa einer Sekunde flitzt es von der Erde zum Mond und in acht Minuten saust es bis zur Sonne.

Es könnte eine sehr flotte Art zu reisen sein, wenn du auf einen Lichtstrahl aufspringen könntest. (Probier das bitte nicht.)

Doch Entfernungen im Weltall sind so riesig, dass selbst Licht über vier Jahre braucht, um zum Nachbarstern der Sonne zu gelangen. Und erst in etwa 100 000 Jahren hat es die Milchstraße durchquert – so ungeheuer groß ist unsere Galaxie nämlich.

IST DAS, WAS ICH SEHE, WIRKLICH DA?

Wir sehen die Dinge im Weltraum, weil sie Licht entweder *emittieren* (abgeben) oder *reflektieren*. Wir wissen, dass dieses emittierte oder reflektierte Licht oft riesige Entfernungen zurücklegt, bis es zu uns gelangt, und dass diese Reise sehr lange dauern kann.

Tja – manche von den Dingen, die du am Nachthimmel siehst, sind vielleicht gar nicht mehr da!

Stell dir vor, ein Stern irgendwo in unserer Galaxie explodiert zu einer wirklich hellen Supernova.

Und er war so weit weg, dass das Licht von diesem Stern die Erde erst in etwa 100 000 Jahren erreicht.

Obwohl die Supernova strahlend hell war, sehen wir die Explosion auf der Erde erst 100 000 Jahre *nach* dem Ereignis.

100 000 Jahre lang können wir also etwas sehen, was in Wirklichkeit gar nicht mehr da ist. Ist das nicht gespenstisch?

3
ZEIT,
ZEIT
UND NOCHMALS
ZEIT

Es wird Zeit, dass wir über sie reden … die Zeit!

Wir alle glauben ziemlich naiv, dass wir die Zeit gut kennen. Wir Menschen legen fest, wie die Zeit zu »messen« ist. Die ganze Zeit »lesen« wir die Zeit von unseren Uhren ab. Aber woher *kam* die Zeit eigentlich?

Rasch brummt uns der Kopf, sobald wir uns mit ihr genauer befassen. Was wäre, wenn sich die Zeit beschleunigte oder verlangsamte oder rückwärts liefe? Wenn es Löcher oder Lücken in der Zeit gäbe? Dann hätten wir echt ein Problem.

WIE HABEN WIR DIE ZEIT ZUSAMMENGEBAUT?

Natürlich kann man die Zeit nicht wirklich »zusammenbauen«. Aber wir messen sie auf eine Weise, die unseren Erfahrungen auf der Erde entspricht: Die Zeit, die die Erde benötigt, um sich einmal um ihre Achse zu drehen, nennen wir einen »Tag« (24 Stunden). Die Zeit, die sie benötigt, um einmal um die Sonne herumzuwandern, ist ein »Jahr« (365 Tage).

Aber die lange *Vergangenheit* der Zeit ließ sich viel schwerer zusammenklamüsern.

Als die industrielle Revolution begann (im späten 18. Jahrhundert) und wir im Boden nach Brennstoffen zu buddeln anfingen, entdeckten Ingenieure im Gestein die fossilen Überreste vieler Tiere. Etwa von Dinosauriern, die nicht mehr auf der Erde leben.

Plötzlich änderte sich unsere Betrachtung von den Ursprüngen der Erde. Die Überreste dieser ausgestorbenen Tiere wurden an merkwürdigen Orten gefunden – Fossilien von Meerestieren auf Bergen, von Eisbären am Äquator und von Elefanten auf dem Mond (okay, das Letzte habe ich mir bloß ausgedacht). Der Planet Erde, seine Gesteine und diese Schar bizarrer Bestien müssen große Veränderungen erlebt haben – nur so ließen sich all diese Entdeckungen erklären.

Statt also zu glauben, dass die Erde und das Universum vor rund 6 000 Jahren erschaffen wurden, erkannten die Menschen, dass all diese Veränderungen Abermillionen Jahre gedauert haben mussten.

WOHER WISSEN WIR, WIE ALT ETWAS IM WELTALL IST?

Diese neuen Erkenntnisse führten auch zu einer veränderten Auffassung von der Zeit. Die Menschen begriffen, dass das ganze Universum um uns herum unglaublich alt ist.

Die Experten bestimmten das Alter der Gesteine auf der Erde, indem sie maßen, wie lange es dauert, bis die Gesteine zerfielen. So entdeckten sie, dass unser kleiner Planet wirklich uralt ist, nämlich 4,5 Milliarden Jahre.

In den 1960er- und 1970er-Jahren besuchten Apollo-Astronauten den Mond und brachten Gesteine zurück. Sie waren genauso alt wie Gesteine auf der Erde. Das galt auch für Meteoriten und Stücke vom Mars, die auf die Erde gefallen waren. Sie mussten also zur selben Zeit entstanden sein.

Astronomen schätzen auch das Alter der Sonne mithilfe von Computermodellen. Sie glauben, dass sie etwa 30 Millionen Jahre älter als die Erde ist, und das ist durchaus sinnvoll. Schließlich kann es ja erst ein Sonnensystem geben, wenn sich die Sonne häuslich niedergelassen hat!

WENN EIN SCHRANK 3 DIMENSIONEN HAT, WAS IST DANN DIE 4.?

Dein Schrank ist ein Objekt mit drei Dimensionen, die den Raum beschreiben, den er einnimmt – seine Höhe, seine Tiefe und seine Breite. Aber deine Welt hat auch eine *vierte* Dimension. Die ersten drei Dimensionen bilden den Raum. Die vierte ist die *Zeit*.

Denken wir noch mal über diesen Schrank nach …

Du glaubst wahrscheinlich, genau zu wissen, wo dein Schrank am Mittwoch nächster Woche sein wird. Doch auch wenn du es nicht bemerkst: Dein Schrank ist ständig in Bewegung. Gewiss, er steht immer in dieser staubigen Ecke deines Zimmers. Räumlich gesehen rührt er sich nicht. Aber das sind ja auch nur *drei* Dimensionen, nicht wahr?

Zeitlich gesehen ist das ganz anders.

Schau dir deinen Schrank noch mal an. Bewegt er sich? Nein? *Sicher* nicht? Tatsächlich bewegt er sich in der Raum-Zeit. Er bleibt, wo er in den drei Dimensionen ist, doch die vierte Dimension der Zeit ändert sich.

Auch wenn du sie nicht siehst, die vierte Dimension ist definitiv da.

VERGEHT DIE ZEIT IMMER GLEICH SCHNELL?

Leicht bekommt man den Eindruck, dass die Zeit stets im selben Tempo dahinfließt – jedenfalls im täglichen Leben. Doch im Grunde gibt es nicht so etwas wie *DIE ZEIT*, ein im ganzen Universum gleiches zeitliches Fließen.

Erinnerst du dich an Einstein (den Typen mit dem wirren weißen Haar, der die Regeln der Wissenschaft umschrieb)? Er bewies, dass unsere Alltagsvorstellung von der Zeit falsch ist. Zeit ist nicht »absolut«, sondern »relativ«. Wie schnell die Zeit dahinfließt, hängt davon ab, wo du bist und wie schnell du dich bewegst.

Sich bewegende Uhren gehen langsamer als fest stehende. Das ist wahr, selbst wenn du die genauesten Uhren der Welt, die Atomuhren, verwendest.

Stell dir vor, du hast zwei Atomuhren. Eine stellst du in ein Raumschiff, die andere bleibt auf der Erde. Und nun saust das Raumschiff zu einem nahen Sternensystem mit der halben Lichtgeschwindigkeit.

Wenn das Raumschiff zurückkommt, sind nach der Atomuhr auf der Erde 30 Jahre vergangen. Aber nach der Uhr im Raumschiff hat die Reise nur 26 Jahre gedauert.

Das scheint nicht möglich zu sein – aber nur weil wir annehmen, dass beide Uhren im gleichen Tempo ticken. Doch das tun sie nicht!

»Selbst eine stehen gebliebene Uhr gibt zweimal am Tag die richtige Zeit an.«

aus dem Film *Withnail & I* (1987)

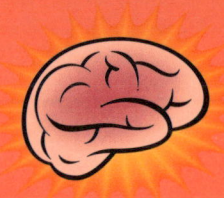
WIESO IST MEIN KÖRPER WIE EINE UHR?

Merkwürdigerweise altern Menschen nicht gleich schnell. Die Geschwindigkeit beeinflusst nicht nur mechanische Uhren und Atomuhren, sondern auch *biologische* Uhren wie das Altern deines Körpers.

Hier die Geschichte von Zwillingsbrüdern …

Kurz nach ihrem 21. Geburtstag unternimmt einer der Brüder (ein Astronaut) eine lange Reise ins All – mit 96 % der Lichtgeschwindigkeit.

Falls der Astronaut 14 Erdenjahre weg ist, wird er 35 sein, wenn er zur Erde zurückkehrt. Als er sein Raumschiff verlässt, erwartet er natürlich, dass sein Bruder auch 35 ist. Zu seinem Entsetzen entdeckt er, dass sein Bruder tatsächlich 71 Jahre alt ist.

Diesen rätselhaften Effekt von Zeitreisen auf das Leben nennt man *Zwillingsparadox*.

Zwar wurde dieser Effekt noch nie an echten Menschen überprüft, doch wir wissen, dass es ihn gibt. Man fand das heraus, als man Atomuhren in Flugzeugen unterschiedlich schnell um die Erde fliegen ließ.

IST DIE ZEIT AUF GRÖSSEREN PLANETEN DIE GLEICHE?

Die Zeit ist nicht einmal auf ein und demselben Planeten gleich …

Nehmen wir nur unseren kleinen Planeten. Auf der Erde vergeht die Zeit an unterschiedlichen Orten verschieden schnell. Dieses unheimliche Verhalten der Zeit hängt zum Teil von der Stärke der Schwerkraft an diesen unterschiedlichen Plätzen ab.

Stell dir vor, du lebst an folgenden Orten: an einem sonnigen Strand und auf dem Mount Everest.

Der sonnige Strand ist näher am Zentrum des Planeten und daher ist die Anziehungskraft zum Erdmittelpunkt hin größer. Darum laufen Uhren hier *etwas* langsamer. Auf dem Mount Everest ist die Schwerkraft schwächer und Uhren laufen dort etwas schneller.

Experten haben dies mithilfe von genauen Atomuhren überprüft. In größeren Höhen, wo geringere Schwerkraft herrscht, gingen die Uhren geringfügig schneller als die Uhren in viel tieferen Lagen.

Die Schwerkraft ist auf größeren (massereicheren) Planeten stärker und Uhren würden daher langsamer gehen. Es stimmt also: Die Zeit vergeht dort etwas langsamer.

Du liebe Zeit!

WIE BAUT MAN EINE ZEITMASCHINE?

Wenn es in diesem großartigen Universum etwas gibt, was man nicht durcheinanderbringen kann, dann ist es die Zeit. Der Science-Fiction-Autor H. G. Wells wusste das genau. Also brachte er sie durcheinander. 1895 schrieb er einen erstaunlichen Roman über Zeitreisen: *Die Zeitmaschine.*

Wenn man sich schon frei im Raum bewegen kann, warum nicht auch in der Zeit?

Stell dir vor, du hast eine nagelneue Zeitmaschine. Wohin soll's zuerst gehen? Ins Römische Reich? Ins Mittelalter? Oder bis ans Ende des Universums? Ins Mittelalter. Gute Wahl.

Also nehmen wir uns das Handbuch vor ... Zeitnockenwelle? *Okay.* Vierdimensionaler Wandler? *Okay.* Zündung? *Okay.* Zündung?! Moment mal. Wie sollen diese Zeitmaschinen überhaupt funktionieren?

Wenn du mit einer Zeitmaschine in die Zukunft reisen willst, brauchst du ein Raumschiff, das fast so schnell wie das Licht ist. Je mehr es sich dieser Geschwindigkeit nähert, umso langsamer vergeht die Zeit. Wenn du zur Erde zurückkehrst, bist du kaum gealtert. Doch »zu Hause« sind Jahrzehnte oder Jahrhunderte vergangen.

Noch kniffliger ist es, in der Zeit zurückzureisen! Dazu benötigst du eine Maschine, die mit der verwirrenden, zeitverbiegenden Technik von Wurmlöchern arbeitet ...

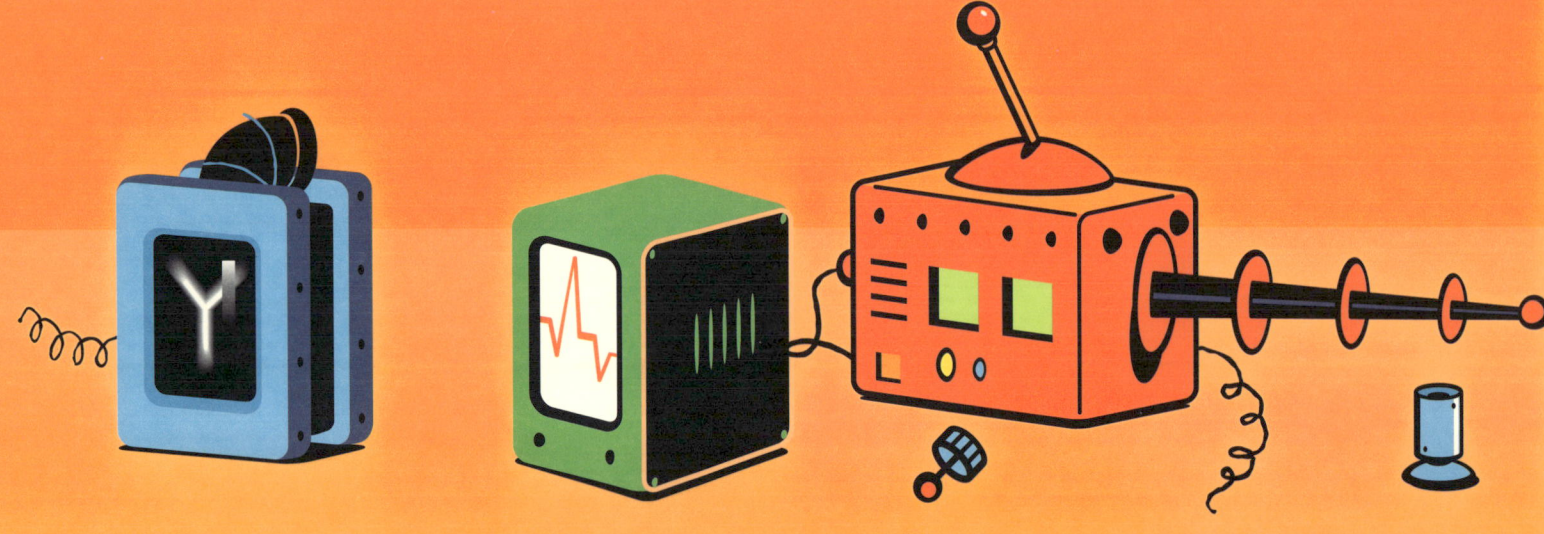

GIBT ES LÖCHER
IN DER RAUM-ZEIT?

Am »wenigsten unmöglich« sind Zeitreisen durch ein Wurmloch, einer theoretischen Region der Raum-Zeit, die gekrümmt ist. Das ist eine »Abkürzung« durch Raum und Zeit, durch die wir reisen könnten. Experten glauben zwar, dass Wurmlöcher existieren, doch sie können es noch nicht beweisen.

Aber es gibt da einige Haken. Stell dir vor, du erzeugst ein Wurmloch, weil du unbedingt in der Zeit zurückreisen willst, um dich in einen *Diplodocus* zu verlieben. Stell die Skala auf Jurazeit ein!

Moment mal. Du könntest gar nicht bis zu einem Datum zurückreisen, das vor der Entstehung des Wurmlochs liegt. Das erklärt wohl, warum es hier nicht von Touristen aus der Zukunft wimmelt. Wir haben nicht die Technik, ein Wurmloch zu erzeugen. Noch nicht.

Im Unterschied zu einem Schwarzen Loch, das eine Reise ins Nichts ist, hat ein Wurmloch zwei Öffnungen – Eingang und Ausgang –, die durch einen Tunnel verbunden sind. Materie kann von einer Öffnung zur anderen durch den Tunnel reisen. Wir haben zwar noch kein Wurmloch beobachtet, doch das Universum ist ja noch jung. Und wir halten noch nicht lange Ausschau.

Manche Experten glauben, falls sich ein Wurmlochtunnel offen halten ließe, könnte man ihn in eine kosmische Zeitmaschine umwandeln. Wow.

Die unglaubliche **ZEITMASCHINE** macht deinen Traum von Zeitreisen wahr!

4

DAS TOLLE WELTRAUM-ABENTEUER DER ZUKUNFT

Demnächst im Kino – DIE ZUKUNFT!

Wir erleben die Zukunft ständig – oder zumindest was wir uns darunter vorstellen – in Büchern, Filmen, Fernsehen und so fort. Wieso sind wir von ihr so besessen?

Es ist der Drang nach draußen! Das Weltall ist so riesig und als Menschen müssen wir unbedingt entdecken, was jenseits unserer bekannten Grenzen liegt. Wir erblicken unsere Zukunft »da draußen«. Wir sind ganz wild darauf, ins All zu gelangen, es uns anzueignen und alles darüber herauszufinden.

Aber wird sich dadurch unsere Beziehung zum Universum verändern? Werden wir umso mehr ein Teil von ihm? Oder werden wir uns noch einsamer fühlen als zuvor?

WIE FING DIE SCIENCE-FICTION AN?

Nicht immer hat die Zukunft uns Menschen fasziniert. Nicht immer hat es uns gedrängt, ins All vorzustoßen, ins letzte Neuland. Aber seit Langem schon sind wir neugierig auf den Kosmos. Ja, man könnte sagen, das Schreiben von Science-Fiction begann mit den Mythen oder Theorien der alten Griechen.

Erst im frühen 16. Jahrhundert wurde das Teleskop erfunden. Der italienische Astronom Galilei ging recht geschickt mit dem aufregenden neuen Instrument um. Er entdeckte vier Riesenmonde um Jupiter und dass unsere Milchstraße aus Tausenden von Sternen besteht. Und auf dem Mond erspähte er Berge und Krater, die denen hier unten ähneln! Als Galilei 1610 über seine Entdeckungen schrieb, forderte er seine Leser auf, sich vorzustellen …

… *wie es wäre, auf dem Mond herumzulaufen.*

Galileis eindrucksvolle Entdeckungen regten Schriftsteller an, sich vorzustellen, wie das Leben im Weltall oder auf einem anderen Planeten sei. Und so entstand die Science-Fiction, wie wir sie heute kennen. Die ersten »Sci-Fi«-Geschichten handelten von Reisen im Weltraum. Und das erste Ziel war was? Erraten – der Mond.

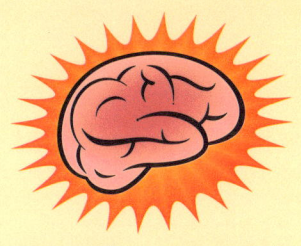

WER ERFAND DIE RAUMFAHRT?

Um 1610 schrieb der Astronom Johannes Kepler ein Werk mit dem Titel *Somnium*. Kepler glaubte, dass Reisen ins Weltall eines Tages möglich seien. Und er wusste, dass wir die Schwerkraft der Erde überwinden müssten, um an Orte wie den Mond zu gelangen. In Keplers Erzählung reisen Monddämonen zwischen Erde und Mond auf einer »Brücke der Finsternis«. Sie befördert Reisende ins All bis zu einem Punkt der »speziellen Gravitation«, von wo aus sie auf die Mondoberfläche hinabschweben können. Wenn es in Wirklichkeit doch auch so einfach wäre!

Eine andere frühe Sci-Fi-Geschichte war *Der Mann im Mond*, die der walisische Bischof Francis Godwin um 1600 schrieb. Auch ihm war klar, dass das Hauptproblem der Raumfahrt die Schwerkraft ist. In seiner Story fliegt sein Reisender mit einer Schar Gänse nach China, landet aber auf dem Mond.

1660 wurde die erste Gelehrtengesellschaft der Welt, die Royal Society, in England gegründet. Ihre Mitglieder erklärten, eine Reise zu einer anderen Welt sei eine ganz reale Möglichkeit. Der Rest ist … Geschichte!

WAR
NEIL ARMSTRONG
EIN MODERNER
KOLUMBUS?

Schon lange vor der Erfindung des Teleskops wurde die Welt erforscht. Als es genauere Karten gab, verließen Schiffe die Küsten und begannen, über die Meere zu segeln. Im 10. Jahrhundert erreichten Wikinger Amerika und rund 500 Jahre später entdeckte Christoph Kolumbus (1451–1506) es wieder. Er fand eine »neue Welt« auf der Erde, so wie Galilei andere Welten im All fand.

Galileis Teleskop brachte ihn und andere Beobachter wie ein Schiff an Orte im Weltall, die man sich bis dahin nicht vorgestellt hatte. Das Teleskop erweckte den Mond zum Leben und machte ihn für unsere Vorstellung real. Wir überlegten, ob es Außerirdische auf dem Mond gibt und wie es wäre, über diese zerklüftete Landschaft zu spazieren.

Die lange Reise bis zu Neil Armstrongs »kleinem Schritt« auf den Mond im Jahr 1969 begann 1609 mit Galileis Teleskop.

WEM GEHÖRT DAS ALL?

Tja! Erinnern wir uns an die Zeit der Piraten auf den Weltmeeren. Wenn sie Schiffe kaperten, suchten sie nicht nach Gold, Silber oder Münzen. Oh nein. Sie begaben sich sofort in die Kajüte, wo die Karten und Uhren des Schiffs aufbewahrt wurden. Die wertvollste Beute waren die Instrumente der Wissenschaft und der Entdeckung.

Wieso also ist Wissenschaft so wertvoll?

Schon immer war die Seefahrt wichtig für den Handel. Wenn du etwas entdeckst und es der Menschheit verkaufst, kannst du viel Geld verdienen.

Auch die Raumfahrt kann Ruhm und Reichtum bringen!

Da die natürlichen Ressourcen der Erde schwinden, träumen manche Länder davon, zu fernen Welten zu reisen, ihre Fahne dort zu hissen und zu sagen: »Okay, die ist jetzt unser!« Monde oder Asteroiden zu besitzen, wo es jede Menge natürliche Brennstoffe und Materialien gibt, könnte ein Vermögen wert sein.

Andererseits ist die Raumfahrt eine teure Angelegenheit. Du musst schon viel Geld investieren, um deine Fahne auf einem anderen Planeten zu hissen. Und es gibt keine Garantie, dass du etwas dafür bekommst.

Und nur weil du auf einem Objekt im All gelandet bist, darfst du es noch lange nicht dein Eigen nennen. Das wäre ziemlich dreist!

Wem gehört eigentlich der Planet Erde? Vielleicht Aliens und wir alle arbeiten für *sie*.

GIBT ES ALIENS IN UNSEREM SONNENSYSTEM?

Die heutigen Raumfahrtmissionen zum Mars suchen unter anderem nach Wasser. Denn wo Wasser ist, könnte es Leben geben. 2007 wurden Höhlen auf dem Mars entdeckt und künftige Missionen könnten nach Leben im Untergrund suchen ... Doch die Roboterforscher werden nach winzigen Bakterien und nicht nach Monstern Ausschau halten!

Eine weitere mögliche Heimat für außerirdisches Leben ist Europa, einer der größten Jupitermonde, der gänzlich von einer Eiskruste überzogen ist. Unter diesem Eis verbirgt sich vielleicht ein riesiger Ozean – und kleine Mikroben, ähnlich denen in den Ozeanen der Erde, lauern in diesen unterirdischen Meeren.

GIBT ES ANDERE ERDEN?

1543 erschien ein wichtiges Buch eines polnischen Astronomen namens Nikolaus Kopernikus. Er behauptete darin, nicht die Erde, sondern die Sonne befinde sich im Zentrum unseres kleinen Sonnensystems.

Vor Kopernikus war die Erde nicht irgendein Planet gewesen, sondern ...

... DER MITTELPUNKT DES UNIVERSUMS!

Seit dem 19. Jahrhundert wissen wir, dass die meisten Sterne am Himmel wie unsere Sonne sind und dass viele von Planeten umrundet werden. Solche Planeten heißen »extrasolare« Planeten. In den 1990er-Jahren fanden wir das erste offizielle Exemplar. Doch heute kennen wir über 300.

Noch haben wir keinen anderen erdähnlichen Planeten gefunden. Aber das Weltall ist riesengroß. Im Universum gibt es mehr Sterne als Sandkörner an allen Stränden der Erde. Und viele dieser Milliarden Sterne werden von Planeten umrundet. Bestimmt muss es irgendwo da draußen noch einen anderen Ort wie die Erde geben ...

SCHAUEN ALIENS WIE ICH AUS?

Erste Antwort:
Falls die Erde nicht der einzige Planet ist
und es Lebensformen auf anderen Planeten gibt, dann ist die
Erde nichts Besonderes. Sie ist bloß ein Ort, an dem Leben möglich ist.

Zweite Antwort: Seit Charles Darwin denken Biologen darüber nach, wie sich
Lebewesen auf der Erde im Lauf der Zeit veränderten – wie sie sich entwickelten.
Aber die Evolution gilt nicht nur für Lebewesen auf der Erde,
sondern auch für Aliens. Auch Lebewesen auf anderen Planeten müssen
sich entwickeln, um sich der Umwelt anzupassen, in der sie leben.

Da die allermeisten extrasolaren Planeten nicht der Erde gleichen,
würden Aliens wohl nicht wie Menschen ausschauen. Es wäre schon
sehr gespenstisch, wenn es dich noch einmal da draußen im Weltall gäbe!

WENN DAS WELTALL VOLLER ALIENS IST, WIESO HABEN SIE UNS NOCH NICHT BESUCHT?

Diese Frage nennt man das Fermi-Paradoxon, da der italienische Physiker Enrico Fermi sie erstmals stellte.

Ein sehr gutes Argument: Falls es da draußen intelligentes Leben gäbe, wieso hat es noch keinen Kontakt zu uns aufgenommen?

Erstens ist das Weltall irre groß. Intelligente Aliens haben das wohl auch bemerkt, als sie überlegten, ob sie sich nicht schnell mal ein paar Chips auf der Erde holen sollten. Vielleicht ist die Raumfahrt ja nicht so einfach. Schließlich haben wir in den letzten 50 Jahren der sogenannten »Raumforschung« erst den Mond besucht, der gerade eine Lichtsekunde weit weg ist!

Zweitens werden die Aliens wohl abwarten und Tee trinken, bis wir uns ein bisschen weiterentwickelt haben. Vielleicht werden sie dann kommen und uns zu einem intergalaktischen Plausch einladen.

Drittens haben sich all diese schlauen Aliens vielleicht nie mit Technik und Reisen befasst. Vielleicht stapfen sie glücklich auf ihrem Planeten herum und sammeln und jagen, wie Jäger und Sammler es eben tun.

Und schließlich …

Vielleicht haben wir ja Besuch. Schon die ganze Zeit. Darum erspähen die Leute fliegende Untertassen (UFOs) und glauben, schon ein Tässchen Tee (und noch einen Keks dazu) oben im Mutterschiff der Aliens genossen zu haben.

WÜRDEN **ALIENS** UNS **BEKLAUEN** WOLLEN?

Ist es nicht komisch, dass wir uns Aliens immer als superintelligent vorstellen?

Okay, seien wir fair. Falls sie durchs Weltall düsen, um sich hier Chips zu holen, und wir es bloß bis zum Mond schaffen, sind sie wohl wirklich schlauer als wir. Aber was würden sie dann mit unseren Sachen anfangen? Stell dir einen Alien vor, der an einem Toaster herumfummelt, sich die Nägel mit deinem Skateboard feilt oder herausfinden will, wieso du nur zwei Schuhe anhast.

Nun, vielleicht sind ihnen die Ressourcen ausgegangen und sie haben eine wachsende Bevölkerung, die sie kaum noch ernähren können. Aber wenn sie so fortschrittlich sind, werden sie wohl kaum durch die halbe Galaxie düsen, um Holz zu holen. Dann würden sie doch gleich in ihrem Sonnensystem nach Rohstoffen suchen.

Denk nach!

*Was wäre,
wenn Aliens die Erde
schon vor langer Zeit
besucht haben?*

GLOSSAR

Fett gedruckte Wörter verweisen auf andere Stichwörter.

Achse Eine imaginäre Linie, um die sich ein dreidimensionales Objekt wie ein Planet dreht. Die imaginäre Erdachse verläuft im Inneren unseres Planeten vom Nord- zum Südpol.

Armstrong, Neil *(geboren 1930)* Ein amerikanischer Astronaut, der im Juli 1969 als erster Mensch den Mond betrat. Er war der Kommandant der Apollo-11-Mission, die zwei Männer zum Mond brachte. Bisher waren erst zwölf Menschen auf dem Mond.

Atom Eine Grundeinheit der Materie. Das Wort geht auf das griechische *atomos* zurück, das »unzerschneidbar« bedeutet.

Atomuhr Eine extrem genaue Uhr, die vom natürlichen Verhalten von Atomen gesteuert wird.

Beteigeuze Ein roter **Superriese** im **Sternbild** Orion. Er ist der neunthellste Stern am Nachthimmel.

Billion Eine Million Millionen (1 000 000 000 000).

Biologische Uhr Ein Zyklus von rund 24 Stunden im natürlichen Verhalten von Lebewesen, auch von Pflanzen und Tieren.

Darwin, Charles *(1809–1892)* Ein englischer Naturforscher, der erkannte, dass alle lebenden Arten auf der Erde von gemeinsamen Vorfahren abstammen.

Dunkle Energie Eine mutmaßliche Form von Energie im Weltall, die das Tempo erhöht, in dem sich das **Universum** ausdehnt.

Dunkle Materie Eine unsichtbare Form von Materie, die den Großteil der **Masse** im **Universum** bildet. Auf die Existenz der unsichtbaren dunklen Materie deutet das Verhalten der sichtbaren oder »hellen« Materie hin.

Einstein, Albert *(1879–1955)* Ein deutscher Wissenschaftler, der als einer der einflussreichsten Forscher aller Zeiten gilt. Seine Gedanken über Raum und Zeit führten zu seiner Speziellen und Allgemeinen Relativitätstheorie.

Exoplanet Ein Planet, der nicht um die Sonne, sondern um einen anderen Stern kreist.

Fermi, Enrico *(1901–1954)* Ein italienischer Wissenschaftler, der vor allem an der Nutzung der Kernenergie zur Erzeugung von Strom arbeitete.

Galaxie Eine riesige Ansammlung von Sternen, Gas und Staub, die durch die **Schwerkraft** zu einem System verbunden werden. Es gibt Zwerggalaxien mit gerade etwa zehn **Millionen** Sternen und Riesen mit bis zu einer **Billion** Sternen. Die Galaxie, in der sich unser lokaler Stern – die Sonne – befindet, heißt **Milchstraße**.

Galilei, Galileo (1564–1642)
Ein italienischer Astronom und Wegbereiter der modernen Wissenschaft. Er entdeckte die vier größten Monde des Jupiters, die ihm zu Ehren die »galileischen Monde« genannt werden.

Godwin, Francis (1562–1633)
Der Bischof von Llandaff in Wales und Autor von *Der Mann im Mond* (um 1600), der wohl ersten Alien-Kontakt-Geschichte. Er vertrat auch die Ideen von **Kopernikus** und verwendete in seiner Story für die Reise zum Mond eine frühe Vorstellung von **Schwerkraft**.

Industrielle Revolution
Eine Zeit im 18. und 19. Jahrhundert, in der sich wichtige Veränderungen in der Produktion von Gütern und Nahrungsmitteln auf die Lebensbedingungen in Europa und später in der ganzen Welt auswirkten.

Kepler, Johannes (1571–1630)
Ein deutscher Astronom und Mathematiker, der die Gesetze erarbeitete, die die Bewegung der Planeten um die Sonne beschreiben. Er schrieb auch eine der ersten Science-Fiction-Geschichten mit dem Titel *Somnium.*

Kernexplosion
Die Explosion einer Kernwaffe, die ihre Zerstörungsgewalt aus den Atomkernen bezieht. Kernprozesse sind so stark, dass selbst kleine Kernwaffen ganze Städte vernichten.

Kolumbus, Christoph (1451–1506)
Ein italienischer Seefahrer und Forscher, durch dessen Fahrten über den Atlantischen Ozean die Europäer von der Existenz Nord- und Südamerikas erfuhren.

Kopernikus, Nikolaus (1473–1543)
Polnischer Astronom, der als Erster von einem **Sonnensystem** mit der Sonne im Zentrum sprach und erklärte, die Erde sei nicht der Mittelpunkt des Universums. Man bezeichnet dies auch als kopernikanische Wende.

Kosmos
Nach dem griechischen Wort *kosmos,* das »Ordnung« oder »Harmonie« bedeutet – das Gegenteil von Chaos. Ein anderes Wort für Weltall oder **Universum.**

Lichtgeschwindigkeit
Sie beträgt 299 792 458 Meter oder ungefähr 300 000 Kilometer pro Sekunde. Das ist so schnell, dass Licht zwischen Sonne und Erde etwa 173-mal an einem Tag hin- und zurückreisen könnte.

Lichtjahr
Eine Entfernungseinheit. Ein Lichtjahr ist die Entfernung, die Licht in einem Jahr zurücklegt – 9,46 Billionen Kilometer.

Masse
Die Masse eines Körpers ist das Maß der Menge von Materie, die er enthält. Das Gewicht ergibt sich aus der Wirkung der **Schwerkraft** auf die Masse eines Körpers.

Milchstraße Die Milchstraße oder Galaxis ist die **Galaxie,** in der unser **Sonnensystem** liegt. Sie ist eine von **Milliarden** Galaxien im Universum.

Milliarde Tausend **Millionen** (1000 000 000).

Million Tausend mal tausend (1000 000).

NASA Abkürzung für *National Aeronautics and Space Administration.* Diese Behörde der USA ist für Amerikas Weltraummissionen wie die Apollo-Missionen zum Mond und die Fahrten des Space-shuttle in die **Umlaufbahn** der Erde zuständig.

Neutronenstern Ein Stern, der unter seiner eigenen **Schwerkraft** zusammengebrochen ist und daher fast ausschließlich aus Neutronen (Teilchen ohne elektrische Ladung) besteht. Die Dichte eines Neutronensterns entspricht der gesamten Menschheit, zusammengepresst auf die Größe eines Würfelzuckers.

Photon Die Grundeinheit von Licht. Ein Photon ist ein Elementarteilchen und hat keine **Masse.**

Pythagoras *(um 570 bis nach 510 v. Chr.)* Der altgriechische Mathematiker und Philosoph und seine Anhänger glaubten, dass alles mit Mathematik zu tun habe und dass Zahlen der Schlüssel zum **Universum** seien.

Roter Riese Ein heller, großer Stern mit mittlerer **Masse,** der sich im Spätstadium seiner Entwicklung befindet.

Rotverschiebungs-Durchmusterung Eine groß angelegte Untersuchung des Himmels zur Ermittlung der Positionen von **Galaxien** und der Gesamtstruktur des **Universums.**

Schwarzes Loch Eine Region im Weltall, aus der nichts, auch Licht nicht, entkommt. Experten glauben, dass Schwarze Löcher aus sehr dichter Materie entstehen und eine gewaltige Krümmung der Raum-Zeit verursachen.

Schwerkraft Ein natürliches Phänomen, durch das Körper mit einer **Masse** einander anziehen. Die Schwerkraft hält die Erde auf ihrer **Umlaufbahn** um die Sonne und den Mond auf seiner Bahn um die Erde. Sie verursacht auch die Meeresgezeiten auf der Erde.

Sonnensystem Die Ansammlung von Objekten, die die Sonne und alle Körper umfasst, die durch die **Schwerkraft** an sie gebunden sind: die vier kleinen inneren Planeten – Merkur, Venus, Erde und Mars –, die überwiegend aus Gestein und Metall bestehen; die vier äußeren Planeten – Jupiter, Saturn, Uranus und Neptun –, die überwiegend aus Wasserstoff und Helium bestehen; und alle kleineren Körper wie Asteroiden, Kometen und Zwergplaneten wie Pluto.

Sternbild Ein Gebiet am Nachthimmel, in dem man ein Muster auffälliger Sterne erblickt, die scheinbar eng beieinanderstehen.

Supernova Die strahlend helle Explosion eines Sterns, die seine Materie größtenteils in den umgebenden Weltraum versprengt.

Superriese Die massereichsten Sterne gibt es in allen Farben des Spektrums, von jungen blauen Superriesen bis zu älteren roten Superriesen wie **Beteigeuze**.

Überschall Damit bezeichnet man eine Geschwindigkeit, die größer als die Schallgeschwindigkeit ist, die 343 Meter pro Sekunde beträgt.

Umlaufbahn Die nahezu kreisförmige Bahn eines Körpers um einen anderen, etwa eines Planeten um die Sonne. Das natürliche Phänomen, das Körper in der Umlaufbahn hält, ist die **Schwerkraft**.

Unendlich Dieses Wort bezeichnet etwas, was anscheinend keine Grenzen in Größe, Ausdehnung, Zeit oder Raum hat.

Universum Das Universum besteht aus allem, was existiert: Raum und Zeit und aller Materie und Energie darin. Ab und zu wird es in diesem Buch auch **Kosmos** genannt.

Urknall Eine Theorie von Anfang und Entwicklung des **Universums,** die heutige Beobachtungen bestätigt. Danach entstand das Universum vor etwa 13,5 **Milliarden** Jahren und dehnt sich noch immer weiter aus.

Wells, H. G. *(1866–1946)* Englischer Autor vor allem von Science-Fiction-Geschichten. Mit dem französischen Autor Jules Verne gilt er als »Vater der Science-Fiction«.

Wurmloch Ein theoretisches Gebilde der Raum-Zeit. Ein Wurmloch ist eine »Abkürzung« durch Raum und Zeit, ein Tunnel, durch den man schneller zwischen zwei Punkten reisen könnte.

REGISTER

NOCH MEHR INFOS

Bücher

Die Zeitfalte – Madeleine L'Engle

Der Riss im Raum – Madeleine L'Engle

Durch Raum und Zeit mit Onkel Albert – Russell Stannard

Die überaus fantastische Reise zum Urknall – Jürgen Teichmann

Mit Einstein im Fahrstuhl – Physik genial erklärt – Jürgen Teichmann

Einstein und die Zeitmaschinen – Luca Novelli

Galilei und der erste Krieg der Sterne – Luca Novelli

Internet

NASA-Kids' Club *(englisch)*:
http://www.nasa.gov/audience/forkids/kidsclub/flash/index.html

Raumfahrt und Astronomie für Kinder:
http://www.hyaden.de/index1.htm

ESA (European Space Agency) für Kinder:
http://www.esa.int/esaKIDSde/LifeinSpace.html

Wie du wie ein Experte denkst

Hier sind fünf Tipps, wenn du eine wissenschaftliche Theorie formulieren willst:

1. Suche nach unabhängigen Beweisen für die »Fakten«, wie du sie siehst.

2. Überlege, ob sich beweisen lässt, dass deine Theorie falsch ist. Anders gesagt: Ist sie »überprüfbar«?

3. Überprüfe deine Theorie durch Beobachtungen und Experimente. Gelangen andere Experten zu den gleichen Ergebnissen?

4. Denk dir mehrere Theorien aus – begnüge dich nicht mit der ersten Idee, die dir in den Kopf kommt.

5. Überrede andere Experten, deine Theorie zu widerlegen. Über Theorien zu debattieren, ist ein wichtiges Merkmal, wie Experten denken.

Und denk daran: Es ist nicht verkehrt, ein Experte zu sein. Das Universum braucht Experten. Manche Experten sind sogar *genial*.